Reducir, reutilizar, reciclar

Las gráficas

Suzanne Barchers

Créditos

Dona Herweck Rice, *Gerente de redacción*; Lee Aucoin, *Directora creativa*; Don Tran, *Gerente de diseño y producción*; Sara Johnson, *Editora superior*; Evelyn Garcia, *Editora asociada*; Lesley Palmer, *Composición*; Stephanie Reid, *Investigadora de fotos*; Rachelle Cracchiolo, M.A.Ed., *Editora comercial*

Créditos de las imágenes

cover Cynthia Farmer/ZTS/EdBockStock/Shutterstock; p.1 Cynthia Farmer/ZTS/EdBockStock/Shutterstock; p.4 Randy Plett/iStockphoto; p.5 Art Explosion; p.6 Andre Blais/Shutterstock; p.7 Sandra Kemppainen/Shutterstock; p.9 Gorilla/Shutterstock; p.10 (top left) Mettus/Shutterstock, (top right) Mura/iStockphoto, (bottom left) Dave White/iStockphoto, (bottom right) Nick Barounis/Shutterstock; p.11 (top) Stephanie Reid. (bottom) Todd Bates/iStockphoto; p.12 Ivonne Wierink/Shutterstock; p.13 Monkey Business Images/Shutterstock; p.14 (left) Valentin Agapov/Shutterstock, (right) Hypnotype/Shutterstock; p.15 (left) BMCL/Shutterstock, (middle) Claudio Baldini/Shutterstock, (right) Katrina Leigh/Shutterstock; p.16 SergioZ/Shutterstock; p.17 ZQFotography/Shutterstock; p.18 2happy/Shutterstock; p.19 (left) Pinchuk Alexey/Shutterstock, (right) Gemenacom/Shutterstock; p.20 Paul Prescott/Shutterstock; p.21 (top) Stephanie Reid, (bottom) prism68/Shutterstock; p.22 Stephanie Reid; p.23 Kirill R./Shutterstock; p.24 Newscom; p.25 Gelpi/Shutterstock; p.26 Morgan Lane Photography/Shutterstock; p.27 Corbis/Superstock

Teacher Created Materials

5301 Oceanus Drive
Huntington Beach, CA 92649-1030
http://www.tcmpub.com
ISBN 978-1-4333-2751-3
©2011 Teacher Created Materials, Inc.
Printed in China
Nordica.042018.CA21800320

Tabla de contenido

Reducir

El 15 de noviembre es un día especial en nuestra escuela. Es el día de reciclaje de la escuela Warder. Los estudiantes y el personal quieren poner en práctica las 3R del reciclado. Son **reducir**, **reutilizar** y **reciclar**.

Los estudiantes tomarán nota de su trabajo durante los 5 meses siguientes. Luego verán cómo les fue. Celebrarán los resultados en abril, cuando llegue el Día de la Tierra.

Los estudiantes empiezan por sumar los galones de agua que usan por día. Algunos estudiantes se duchan. Comienzan a anotar el tiempo que tardan en la ducha.

Consumo de agua (aproximado)

Actividad	Agua consumida
cepillarse los dientes con el agua corriendo	1 galón
lavarse las manos o el rostro	1 galón
bañarse	40 galones
ducharse	4 galones por minuto
tirar de la cadena	4 galones
lavar la ropa	10 galones
usar el lavavajillas	20 galones

Los estudiantes llevan la cuenta de la frecuencia con la que tiran de la cadena. También cuentan los galones de agua que usan en otras actividades. Luego suman todo.

Exploremos las matemáticas

Observa la **tabla** y contesta las preguntas.

a. Jordan tarda 10 minutos en bañarse. ¿Cuánta agua usa?

b. Jordan se lava los dientes con el agua corriendo 3 veces por día. ¿Cuánta agua usa por día en esta actividad?

Los estudiantes usan aproximadamente 68 galones de agua por día. Hacen una gráfica con los **datos** de su tabla para ver qué actividades usan más agua.

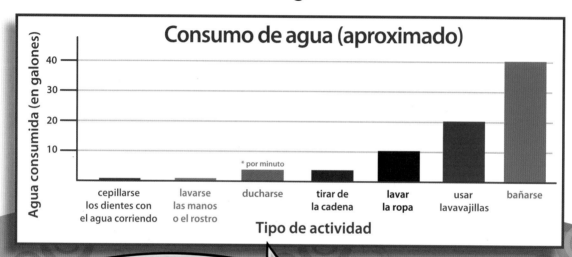

Consumo de agua (aproximado)

Eje vertical: Agua consumida (en galones) — 10, 20, 30, 40

Eje horizontal (Tipo de actividad): cepillarse los dientes con el agua corriendo, lavarse las manos o el rostro, ducharse (* por minuto), tirar de la cadena, lavar la ropa, usar lavavajillas, bañarse

Exploremos las matemáticas

Mira la tabla anterior. Luego contesta las preguntas.

a. ¿Qué actividad usa la mayor cantidad de agua?

b. ¿Cuánta más agua se ocupa para el lavavajillas que para lavar la ropa?

c. ¿Qué actividades consumen la misma cantidad de agua?

Luego los estudiantes piensan cómo pueden usar menos agua. Pueden cortar el agua cuando se lavan los dientes. Pueden cortar el agua mientras se frotan el jabón en las manos. Pueden pasar menos tiempo en la ducha.

Luego piensan en sus almuerzos.
Algunos estudiantes traen el almuerzo
a la escuela. La comida suele venir en
paquetes. Los estudiantes hacen una lista
de las cosas que vienen empaquetadas.

Alimentos envasados
papas fritas
galletas
jugo
queso y galletas saladas
frutas y salsa

Otros estudiantes almuerzan en la cafetería. Los tenedores y las pajillas que utilizan están envueltos en plástico. La leche viene en envases de cartón. ¡La basura de la clase casi llena un bote de basura!

Los estudiantes piensan hacer un almuerzo que no genere basura. Usan loncheras o bolsas. Colocan sus alimentos y bebidas en recipientes reutilizables. Los estudiantes que compran su almuerzo en la cafetería de la escuela traen tenedores y cucharas de sus casas.

Reutilizar

Los estudiantes lograron reducir la cantidad de basura generada durante el almuerzo. Luego se dedican a investigar. Descubren lo inteligente que es reutilizar las cosas. Aprenden que muchos elementos pueden reutilizarse.

Los estudiantes deciden vaciar el bote de basura. Separan la basura en montones. La mayoría de la basura es papel. Mucho del papel está casi en blanco. Deciden reutilizar el papel.

Consumo de árboles y papel por cada 30 estudiantes

Hojas utilizadas por día por estudiante	Cantidad de árboles utilizados por día
5	3
10	6

Alguna basura incluye cosas como sujetapapeles y bandas elásticas. Hacen una lista de las distintas formas de reutilizar algunos objetos.

Formas de reutilizar la basura

- Escribir en el frente y en el dorso de las hojas.
- Cortar papel para tomar notas.
- Guardar los sujetapapeles en una caja.
- Guardar las bandas elásticas en una caja.
- Usar una toalla de tela en lugar de toallas de papel.

Reciclar

Luego, los estudiantes aprenden sobre los **vertederos**. Son los lugares adonde se lleva la basura. Hay reglas sobre qué hacer con la basura.

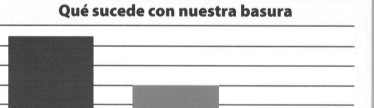
Exploremos las matemáticas

Qué sucede con nuestra basura

Gráfica de barras con el eje vertical "porcentaje de basura" (de 0% a 60%) y el eje horizontal "Resultado":
- se lleva a vertederos: 55%
- se recicla: 30%
- se incinera: 14%

En la **gráfica de barras** se indica qué sucede con la basura. Observa la información y contesta las preguntas.

a. ¿Qué le sucede a la mayor parte de la basura?

b. ¿Qué porcentaje se recicla?

Mucha basura termina en los vertederos porque las personas no la separan. Pero una gran parte de la basura podría reciclarse. Los estudiantes quieren saber qué tipo de reciclaje ayudará más.

Los niños investigan un poco más. Aprenden que el papel ocupa más espacio en los vertederos. Parece que reciclar papel es un buen lugar por donde empezar.

Exploremos las matemáticas

| papel | alimentos y desechos de jardín | metal | vidrio | plástico |

Esta **pictografía** muestra la basura que se encuentra en 1 vertedero. Observa la gráfica y contesta las preguntas.

a. El papel ocupa más espacio en un vertedero. ¿Qué es lo siguiente que ocupa más lugar?

b. ¿Qué tipo de basura ocupa el mismo espacio?

Los estudiantes traen pilas de periódicos de sus casas y los pesan al finalizar la semana. La primera semana recolectan 200 libras. La semana siguiente recolectan 200 más.

Al cabo de 10 semanas, los estudiantes tienen 2,000 libras de papel. ¡Es casi 1 **tonelada**! Sus papás lo llevan a un centro de reciclaje. El papel reciclado salva aproximadamente 17 árboles.

Los niños continúan trayendo periódicos para reciclar. También aprenden cuáles son las distintas maneras de reutilizar el papel. Por ejemplo, cortan algunos de los periódicos en tiras y los usan en su huerto escolar.

Los estudiantes colocan las tiras
de papel alrededor de las plantas
y las cubren con un poco de tierra.
Esto evita que crezcan malas hierbas.
También ayuda a mantener las plantas
húmedas. Eso también ahorra agua.

El centro de reciclaje no paga por los periódicos. Pero sí paga por las latas y las botellas de plástico. Los estudiantes también comienzan a traer latas y botellas a la escuela. Hacen una pictografía para mostrar cuántas libras de latas y botellas recolectan.

Latas y botellas de plástico para reciclar

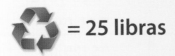 = 25 libras

Los estudiantes van hasta el centro de reciclaje para cambiar las latas y botellas por dinero. Ahorran todo el dinero que reciben.

Observa la tabla. Luego contesta las preguntas.

Pagos del centro de reciclaje por la compra de latas y botellas de plástico		
Cantidad de libras	Pago total por latas	Pago total por botellas
100	$125.00	$100.00
200	$250.00	$200.00
300	$375.00	$300.00
400	$500.00	$400.00

a. ¿Cuánto ganarían los estudiantes si llevaran 300 libras de latas?

b. ¿Ganarán más dinero si llevan 200 libras de latas o de botellas de plástico?

Usarán el dinero para festejar el Día de la Tierra. ¡Les sorprende la rapidez con la que se suma el dinero!

Se les presenta un nuevo problema.
No pueden gastar todo el dinero en una
fiesta. Tienen demasiado dinero. Pero
se esforzaron mucho y quieren celebrar el
Día de la Tierra.

A la directora se le ocurre una gran idea. Podrían plantar árboles en el frente de la escuela. ¡De esta manera, todos los días parecerán el Día de la Tierra!

Una montaña de basura

Los estudiantes de la escuela Hollis quieren reciclar más basura. La siguiente tabla muestra un ejemplo de cuántas libras de basura semanales puede generar una familia de 4 personas. Los niños pueden usar la información para hacer una gráfica que los ayude a planificar la forma de reciclar más basura.

Cantidad de basura semanal de una familia de 4 integrantes

Tipo de residuo	Libras de basura
papel	30
alimentos	30
metales	10
vidrio	10
plásticos	10
otros	10

¡Resuélvelo!

a. Usa los datos de la tabla para crear una gráfica de barras.

b. ¿Cuáles son los 2 tipos de basura que generan más basura?

c. ¿Qué tipo de basura quisieras reciclar?

Sigue estos pasos para resolver el problema.

Paso 1: Dibuja una gráfica como la que se muestra arriba.

Paso 2: Observa la tabla. Luego agrega una barra que represente los alimentos.

Paso 3: Observa la tabla. Luego agrega barras para representar los metales, los vidrios y otros objetos.

Paso 4: Observa la gráfica. Encuentra las 2 barras que representan la mayor cantidad de basura.

Glosario

aproximado—cantidad estimada o cercana

datos—compendio de información

gráfica de barras—gráfica que utiliza barras para mostrar información

pictografía—gráfica que utiliza dibujos y símbolos para mostrar información

reciclar—procesar algo para volver a usarlo

reducir—usar menor cantidad de algo

reutilizar—utilizar algo más de una vez.

tabla—información que se ordena en columnas y filas para que se pueda leer con facilidad

tonelada—2,000 libras

vertedero—lugar donde se lleva y deposita la basura

Índice

Exploremos las matemáticas

Página 7:

a. 40 galones

b. 3 galones

Página 8:

a. bañarse

b. 10 galones más

c. lavarse los dientes y lavarse las manos o el rostro

Página 16:

a. se lleva a un vertedero

b. el 30%

Página 18:

a. los alimentos y los desechos de jardín

b. el metal, el vidrio y el plástico

Página 24:

a. $375.00

b. Los estudiantes ganarán más dinero si llevan 200 libras de latas.

Resuelve el problema

a.

b. el papel y los alimentos

c. Las respuestas pueden variar.